曾國藩家訓

[清]曾國藩 著

中華書局

曾國藩家書

［贰］曾國藩家書

中華書局

目録

第一册

第二册

光緒己卯年傳忠書局栞

曾文正公家訓

板存黎家坡遐齡菴

光緒己卯年
傳忠書局栞

曾文正公家訓卷上

咸豐六年丙辰九月念九夜手諭時在江西撫州門外

字諭紀鴻兒家中人來營者多稱爾舉止大方余爲少慰凡人多望子孫爲大官余不願爲大官但願爲讀書明理之君子勤儉自持習勞習苦可以處樂可以處約此君子也余服官二十年不敢稍染官宦氣習飲食起居尚守寒素家風極儉也可略豐也可太豐則吾不敢也凡仕宦之家由儉入奢易由奢返儉難爾年尚幼切不可貪愛奢華不可慣習懶惰無論大家小家士農工商勤苦儉約未有不興驕奢倦怠未有不敗爾讀書寫字不可間斷早晨要早起莫墜高曾祖考以來相傳之家風吾

父吾叔皆黎明即起爾之所知也凡富貴功名皆有命定半由人力半由天事惟學作聖賢全由自己作主不與天命相干涉吾有志學爲聖賢少時欠居敬工夫至今猶不免偶有戲言戲動爾宜舉止端莊言不妄發則入德之基也

咸豐八年七月二十一日舟次樵舍下去江西省城八十里

字諭紀澤兒余此次出門略載日記即將日記封每次家信中閱林文忠家書即係如此辦法爾在省僅至丁左兩家餘不輕出足慰遠懷讀書之法看讀寫作四者每日不可缺一看者如爾去年看史記漢書韓文近思錄今年看周易折中之類是也

爾去年冬史氏讀韓文公文，我恩縱令平春問恩慎中之聽其由，出只懷敬勸龍書之公故賞賞宗扑四普每日不吉耶一書攷，問林文忠公書明孫收北搬我補出省對生二十兩案絎不聖，字諭紀澤兒余茹夫出門都蓮日皓歲日嬀埴夾夫案治中。

里

咸豐八年七月二十一日共火縣會不去武酉首知八十

爾宜舉止端莊，言不妄發，則人愛之基也。吾責志澤懲唯于賀小憤，人勤學之基也。人代半由天定，半由自己，不免即下憤言愧。父吾叔皆黎明即起，爾之所知也。

字諭紀鴻兒：家中人來營者，多稱爾舉止大方，余為少慰。凡人多望子孫為大官，余不願為大官，但願爾為讀書明理之君子。余服官二十年，不敢稍染官宦氣習，飲食起居，尚守寒素家風，極儉可也，略豐亦可，太豐則吾不敢也。凡仕宦之家，由儉入奢易，由奢返儉難。爾年尚幼，切不可貪愛奢華，不可慣於懶惰。無論大家小家、士農工商，勤苦儉約，未有不興，驕奢倦怠，未有不敗。爾讀書寫字不可間斷，早晨要早起，莫墜高曾祖考以來相傳之家風。吾父吾叔皆黎明即起，爾之所知也。

咸豐六年丙辰九月念九亥年……

讀者如四書詩書易經左傳諸經昭明文選李杜韓蘇之詩韓歐曾王之文非高聲朗誦則不能得其雄偉之概非密咏恬吟則不能探其深遠之韻譬之富家居積看書則在外貿易獲利三倍者也讀書則在家慎守不輕花費者也譬之兵家戰爭看書則攻城略地開拓土宇者也讀書則深溝堅壘得地能守者也看書如子夏之日知所亡相近讀書與無忘所能相近二者不可偏廢至於寫字真行篆隸爾頗好之切不可間斷一日既要求好又要求快余生平因作字遲鈍吃虧不少爾須力求敏捷每日能作楷書一萬則幾矣至於作諸文亦宜在二三十歲立定規模過三十後則長進極難作四書文作試帖詩作律賦作古今體詩作古文作駢體文數者不可不一一講求一一試爲之少年不可怕醜須有狂者進取之趣過時不試爲之則後此彌不肯爲矣至於作人之道聖賢千言萬語大抵不外敬恕二字仲弓問仁一章言敬恕最爲親切自此以外如立則見其參於前也在輿則見其倚於衡也君子無衆寡無小大無敢慢斯爲泰而不驕正其衣冠儼然人望而畏斯爲威而不猛是皆言敬之最好下手者孔言欲立立人欲達達人孟言行有不得反求諸己以仁存心以禮存心有終身之憂無一朝之患是皆言恕之最好下手者爾心境明白於恕字或易著功敬字則宜勉强行之此立德之基不可不謹科場在即亦宜保養身體余

在外平安不多及

再此次日記已封入澄侯叔函中寄至家矣余自十二至湖口十九夜五更開船晉江西省廿一申刻卽至章門餘不多及又示

咸豐八年八月初三日

字諭紀澤八月一日劉曾撰來營接爾第二號信并薛曉帆信得悉家中四宅平安至以爲慰汝讀四書無甚心得由不能虛心涵泳切己體察朱子教人讀書之法此二語最爲精當爾現讀離婁卽如離婁首章上無道揆下無法守吾往年讀之亦無甚警惕近歲在外辦事乃知上之人必揆諸道下之人必守乎

法若人人以道揆自許從心而不從法則下凌上矣愛人不親章往年讀之不甚親切近歲閱歷日久乃知治人不治者智不足也此切己體察之一端也涵泳二字最不易識余嘗以意測之曰涵者如春雨之潤花如清渠之溉稻雨之潤花過小則難透過大則離披適中則涵濡而滋液清渠之溉稻過小則枯槁過多則傷澇適中則涵養而浡興泳者如魚之游水如人之濯足程子謂魚躍於淵活潑潑地莊子言濠梁觀魚安知非樂此魚水之快也左太沖有濯足萬里流之句蘇子瞻有夜臥濯足詩有浴罷詩亦人性樂水者之一快也善讀書者須視書如水而視此心如花如稻如魚如濯足則涵泳二字庶可得之於意

言之玄爾讀書易於解說文義卻不甚能深入可就朱子涵泳體察二語悉心求之鄧叔明新刊地圖甚好余寄書左季翁託購致十副爾收得後可好藏之薛曉帆銀百兩宜璧還余有復信可并交季翁也此囑

咸豐八年八月二十日書於弋陽軍中

字諭紀澤十九日曾六來營接爾初七日第五號家信并詩一首具悉次日入闈考具皆齊矣此時計已出闈還家余於初八日至河口本擬由鉛山入閩進搗崇安已拜疏矣光澤之賊竄擾江西連陷瀘溪金溪安仁三縣即在安仁屯踞十四日派張凱章往剿十五日余亦回駐弋陽待安仁破滅後余乃由瀘溪

雲際關入閩也爾七古詩氣清而詞亦穩余閱之忻慰凡作詩最宜講究聲調余所選鈔五古九家七古六家聲調皆極鏗鏘耐人百讀不厭余所未鈔者如左太沖江文通陳子昂柳子厚之五古鮑明遠高達夫王摩詰陸放翁之七古聲調亦清越異常爾欲作五古七古須熟讀五古七古各數十篇先之以高聲朗誦以昌其氣繼之以密詠恬吟以玩其味二者并進使古人之聲調拂拂然若與我之喉舌相習則下筆爲詩時必有句調湊赴腕下詩成自讀之亦自覺瑯瑯可誦引出一種興會來古人云新詩改罷自長吟又云煅詩未就且長吟可見古人慘淡經營之時亦純在聲調上下工夫蓋有字句之詩人籟也無字

句之詩天籟也解此者能使天籟人籟湊泊而成則於詩之道思過半矣爾好寫字是一好氣習近日墨色不甚光潤較去年春夏已稍退矣以後作字須講究墨色古來書家無不善使墨者能令一種神光活色浮於紙上固由臨池之勤染翰之多所致亦緣於墨之新舊濃淡用墨之輕重疾徐皆有精意運乎其間故能使光氣常新也余生平有三恥學問各塗皆略涉其涯涘獨天文算學豪無所知雖恆星五緯亦不識認一恥也每作一事治一業輒有始無終二恥也少時作字不能臨摹一家之體遂致屢變而無所成遲鈍而不適於用近歲在軍因作字太鈍廢閣殊多三恥也爾若爲克家之子當思雪此三恥推步算學縱難通曉恆星五緯觀認尚易家中言天文之書有十七史中各天文志及五禮通考中所輯觀象授時一種每夜認明恆星二三座不過數月可畢識矣凡作一事無論大小難易皆宜有始有終作字時先求圓勻次求敏捷若一日能作楷書一萬少或七八千愈多愈熟則手腕豪不費力將來以之爲學則手鈔羣書以之從政則案無留牘無窮受用皆自寫字之勻而且捷生出三者皆足彌吾之缺憾矣今年初次下場或中或不中無甚關係榜後即當看詩經注疏以後窮經讀史二者迭進國朝大儒如顧閻江戴段王數先生之書亦不可不熟讀而深思之光陰難得一刻千金以後寫安禀來營不妨將胸中所見簡

編所得馳驛議論俾余得以考察爾之進步不宜太寥寥此諭

咸豐八年十月二十五日

字諭紀澤十月十一日接爾安稟內附隸字一冊廿四日接澄叔信內附爾臨元教碑一冊王五及各長夫來具述家中瑣事甚詳爾信內言讀詩經注疏之法比之前一信已有長進凡漢人傳注唐人之疏其惡處在確守故訓失之穿鑿其好處在確守故訓不參私見釋謂爲勤尚不數見釋言爲我處處皆然蓋亦十口相傳之詁而不復顧文氣之不安如伐木爲文王與友人入山鴛鴦爲明王交於萬物與爾所疑螽斯章解同一穿鑿朱子集傳一掃舊障專在涵泳神味虛而與之委蛇然如鄭風諸什注疏以爲皆刺忽者固非朱子以爲皆淫奔者亦未必是爾治經之時無論看注疏看宋傳總宜虛心求之其愜意者則以硃筆識出其懷疑者則以另冊寫一小條或多爲辨論或僅著數字將來疑者漸晰又記於此條之下久久漸成卷帙則自然日進高郵王懷祖先生父子經學爲 本朝之冠皆自劄記得來吾雖不及懷祖先生而望爾爲伯申氏甚切也爾問時藝可否暫置抑或它有所學余惟文章之可以道古可以適今者莫如作賦漢魏六朝之賦名篇鉅製具載於文選余嘗以西征蕪城及憾別等賦示爾矣其小品賦則有古賦識小錄律賦則有 本朝之吳穀人顧耕石陳秋舫諸家爾若學賦可於每三

八日作一篇大賦或數千字小賦或僅數十字或對或不對均無不可此事比之八股文略有意趣不知爾性與之相近否爾所臨隸書孔宙碑筆太拘束不甚鬆活想係執筆太近毫之故以後須執於管頂余以執筆太低終身吃虧故教爾趁早改之元教碑墨氣甚好可喜可喜郭二姻叔嫌左肩太俯右肩太聳吳子序年伯欲帶歸示其子弟爾字姿於草書尤相宜以後專習眞草二種篆隸置之可也四體并習恐將來不能一工余癬疾近日大愈目光平平如故營中各勇夫病者十分已好六七惟尚未復元不能拔營進剿良深焦灼聞甲五目疾十愈八九忻慰之至爾爲下輩之長須常常存箇樂育諸弟之念君子之道莫大乎與人爲善況兄弟乎臨三昆八係親表兄弟爾須與之互相勸勉爾有所知者常常與之講論則彼此并進矣此諭

咸豐八年十月二十九日建昌營次

字諭紀澤二十五日寄一信言讀詩經注疏之法二十七日縣城二勇至接爾十一日安稟具悉一切爾看天文認得恒星數十座甚慰甚慰前信言五禮通考中觀象授時二十卷内恒星圖最爲明晰曾繙閱否　國朝大儒於天文曆數之學講求精熟度越前古自梅定九王寅旭以至江戴諸老皆稱絶學然皆不講占驗但講推步占驗者觀星象雲氣以卜吉凶史記天官書漢書天文志是也推步者測七政行度以定授時史記律書

漢書律歷志是也秦味經先生之觀象授時簡而得要心壺既肯究心此事可借此書與之閱看（五禮通考內有之　皇清經解內亦有之）若爾與心壺二人能略窺二者之端緒則足以補余之闕憾矣四六落腳一字粘法另紙寫示（因接安徽信遂不開示）書至此接趙克彰十五夜自桐城發來之信溫叔及李迪庵方伯尚無確信想已殉難矣悲悼曷極來信寄叔祖父封內中有往六安州之信尚有一線生機余官至二品　誥命三代封妻蔭子受　恩深重久已置死生於度外且常恐無以對同事諸君於地下溫叔受　恩尚淺早歲不獲一第近年在軍亦不甚得志設有不測實憾有窮期耶軍情變幻不測春夏間方冀此賊指日可平不圖七月有

廬州之變八九月有江浦六合之變茲又有三河之大變全局破壞與咸豐四年冬間相似情懷難堪但願爾專心讀書將我所好看之書領略得幾分我所講求之事鑽研得幾分則余在軍中心常常自慰爾每日之事亦可寫日記以便查核

咸豐八年十二月初三日

字諭紀澤初一日接爾十二日一稟得知四宅平安爾將有長沙之行想此時又歸也少庚早世賀家氣象日以凋耗爾當常常寄信與爾岳母以慰其意每年至長沙走一二次以解其憂耦庚先生學問文章卓絕輩流居官亦愷惻慈祥而家運若此是不可解爾輓聯尚穩妥詩經字不同者余忘之凡經文板本

不合者阮氏校勘記最詳阮刻十三經注疏今年六月在岳州寄回一部每卷之末皆附校勘記皇清經解中亦刻有校勘記可取閱也凡引經不合者段氏撰異最詳段茂堂有詩經撰異書經撰異等著俱刻於皇清經解中爾緇而校對之則疑者明矣

咸豐八年十二月十三日

字諭紀澤日來接爾兩稟知爾左傳注疏將次看完三禮注疏非將江慎修禮書綱目識得大段則注疏亦殊難領會爾可暫緩即公穀亦可緩看爾明春將胡刻文選細看一徧一則含英咀華可醫爾筆下枯澀之弊一則吾熟讀此書可常常教爾也沅叔及寅皆先生望爾作四書文極爲勤懇余念爾庚申辛酉下兩科場文章亦不可太醜惹人笑話爾自明年正月起每月

作四書文三篇俱由家信內封寄營中此外或作得詩賦論策亦卽寄呈寫字之中鋒者用筆尖著紙古人謂之蹲鋒如獅蹲虎蹲犬蹲之象偏鋒者用筆毫之腹著紙不倒於左則倒於右當將倒未倒之際一提筆則爲蹲鋒是用偏鋒者亦有中鋒時也此諭

咸豐八年十二月三十日

字諭紀澤聞爾至長沙已逾月餘而無稟來營何也少庚訃信百餘件聞皆爾親筆寫之何不發刻或倩人幫寫非謂爾宜自惜精力蓋以少庚年未三十情有等差禮有隆殺則精力亦不宜過竭耳近想已歸家度歲今年家中因温甫叔之變氣象較

之往年迴不相同余因去年在家爭辨細事與鄉里鄙人無異至今深抱悔憾故雖在外亦惻然寡懽爾當體我此意於叔祖各叔父母前盡些愛敬之心常存休戚一體之念無懷彼此歧視之見則老輩內外必器愛爾後輩兄弟姊妹必以爾爲榜樣日處日親愈久愈敬若使宗族鄉黨皆曰紀澤之量大於其父之量則余欣然矣余前有信教爾學作賦爾復稟並未提及又有信言涵養二字爾復稟亦未之及嗣後我信中所論之事爾宜一一稟復余於　本朝大儒自顧亭林之外最好高郵王氏之學王安國以鼎甲官至尚書謚文肅正色立朝生懷祖先生念孫經學精卓生王引之復以鼎甲官尚書謚文簡三代皆好學深思有漢韋氏唐顏氏之風余自憾學問無成有媿王文肅公遠甚而望爾輩爲懷祖先生爲伯申氏則夢寐之際未嘗須臾忘也懷祖先生所著廣雅疏證讀書雜志家中無之伯申氏所著經義述聞經傳釋詞　皇清經解內有之爾可試取一閱其不知者寫信來問　本朝窮經者皆精小學大約不出段王兩家之範圍耳

咸豐九年三月初三日清明

字諭紀澤三月初二日接爾二月廿日安稟得知一切內有賀丹麓先生墓志字勢流美天骨開張覽之忻慰惟間架間有太鬆之處尚當加功大抵寫字只有用筆結體兩端學用筆須多

看古人墨蹟學結體須用油紙摹古帖此二者皆決不可易之理小兒寫影本肯用心者不過數月必與其摹本字相肖吾自三十時已解古人用筆之意只爲欠卻間架工夫便爾作字不成體段生平欲將柳誠懸趙子昂兩家合爲一鑪亦爲間架欠工夫有志莫遂爾以後當從間架用一番苦功每日用油紙摹帖或百字或二百字不過數月間架與古人逼肖而不自覺能合柳趙爲一此吾之素願也不能則隨爾自擇一家但不可見異思遷耳不特寫字宜摹仿古人間架即作文亦宜摹仿古人間架詩經造句之法無一句無所本左傳之文多現成句調揚子雲爲漢代文宗而其太玄摹易法言摹論語方言摹爾雅十二箴摹虞箴長楊賦摹難蜀父老解嘲摹客難甘泉賦摹大人賦劇秦美新摹封禪文諫不許單于朝書摹國策信陵君諫伐韓幾於無篇不摹即韓歐曾蘇諸巨公之文亦皆有所摹擬以成體段爾以後作文作詩賦均宜心有摹仿而後間架可立其收效較速其取徑較便前信教爾暫不必看經義述聞今爾此信言業看三本如看得有些滋味即一直看下去不爲或作或輟亦是好事惟周禮儀禮大戴禮公穀爾雅國語太歲考等卷爾向來未讀過正文者則王氏述聞亦暫可不觀也爾思來營省覲甚好余亦思爾來一見昏期既定五月廿六日三四月間自不能來或七月晉省鄉試八月底來營省覲亦可身體雖弱

處多難之世若能風霜磨錬苦心勞神亦自足堅筋骨而長識見沅甫叔向最羸弱近日從軍反得壯健亦其証也贈伍崧生之君臣畫像乃俗本不可爲典要奏摺稿當鈔一目錄付歸餘詳諸叔信中

咸豐九年三月二十三日

字諭紀澤兒廿二日接爾稟并書譜敘以示李少荃次青許仙屏諸公皆極贊美云爾鈎聯頓挫純用孫過庭草法而間架純用趙法柔中寓剛綿裏藏鍼動合自然等語余聽之亦欣慰也趙文敏集古今之大成於初唐四家内師虞永興而參以鍾紹京因此以上窺二王下法山谷此一徑也於中唐師李北海而

參以顏魯公徐季海之沈著此一徑也於晚唐師蘇靈芝此又一徑也由虞永興以溯二王及晉六朝諸賢世所稱南派者也由李北海以溯歐褚及魏北齊諸賢世所稱北派者也爾欲學書須窺尋此兩派之所以分南派以神韻勝北派以魄力勝宋四家蘇黄近於南派米蔡近於北派趙子昂欲合二派而匯爲一爾從趙法入門將來或趨南派或趨北派皆可不迷於所往我先大夫竹亭公少學趙書秀骨天成我兄弟五人於字皆下苦功沅叔天分尤高爾若能光大先業甚望甚望制藝一道亦須認真用功鄧瀛師名手也爾作文在家有鄧師批改付營有李次青批改此極難得千萬莫錯過了付回趙書楚國夫人碑

可分送三先生汪易葛二外甥及爾諸堂兄弟又舊宣紙手卷新宣紙橫幅爾可學書譜請徐柳臣一看此囑

咸豐九年四月二十一日

字諭紀澤前次於諸叔父信中復示爾所問各書帖之目鄉間苦於無書然爾生今日吾家之書業已百倍於道光中年矣買書不可不多而看書不可不知所擇以韓退之爲千古大儒而自述其所服膺之書不過數種曰易曰書曰詩曰春秋左傳曰莊子曰離騷曰史記曰相如子雲柳子厚自述其所得正者曰易曰書曰詩曰禮曰春秋旁者曰穀梁曰孟荀曰莊老曰國語曰離騷曰史記二公所讀之書皆不甚多　本朝善讀古書者

余最好高郵王氏父子曾爲爾屢言之矣今觀懷祖先生讀書雜志中所考訂之書曰逸周書曰戰國策曰史記曰漢書曰管子曰晏子曰墨子曰荀子曰淮南子曰後漢書曰老莊曰呂氏春秋曰韓非子曰楊子曰楚辭曰文選凡十六種又別著廣雅疏證一種伯申先生經義述聞中所考訂之書曰易曰書曰詩曰周官曰儀禮曰大戴禮曰禮記曰左傳曰國語曰公羊曰穀梁曰爾雅凡十二種王氏父子之博古今所罕然亦不滿三十種也余於四書五經之外最好史記漢書莊子韓文四種好之十餘年惜不能熟讀精考又好通鑑文選及姚惜抱所選古文辭類纂余所選十八家詩鈔四種共不過十餘種早歲篤志爲

學恆思將此十餘書貫串精通略作劄記仿顧亭林王懷祖之法今年齒衰老時事日艱所志不克成就中夜思之每用媿悔澤兒若能成吾之志將四書五經及余所好之八種一一熟讀而深思之略作劄記以志所得以著所疑則余歡欣快慰夜得甘寢此外別無所求矣至王氏父子所考訂之書二十八種凡家中所無者爾可開一單來余當一一購得寄回學問之途自漢至唐風氣略同自宋至明風氣略同 國朝又自成一種風氣其尤著者不過顧閻百詩戴東原江慎修錢辛楣秦味經段懋堂王懷祖數人而風會所扇羣彥雲興爾有志讀書不必別標漢學之名目而不可不一窺數君子之門徑凡有所見所聞隨時稟知余隨時諭答較之當面問答更易長進也

咸豐九年五月初四日

字諭紀澤爾作時文宜先講詞藻欲求詞藻富麗不可不分類鈔撮體面話頭近世文人如袁簡齋趙甌北吳穀人皆有手鈔詞藻小本此眾人所共知者阮文達公爲學政時搜出生童夾帶必自加細閱如係親手所鈔略有條理者即予進學如係請人所鈔概錄陳文者照例罪斥阮公一代閎儒則知文人不可無手鈔夾帶小本矣昌黎之記事提要纂言鉤元亦係分類手鈔小冊也爾去年鄉試之文太無詞藻幾不能敷衍成篇此時下手工夫以分類手鈔詞藻爲第一義爾此次復信即將所分

之類開列目錄附稟寄來分大綱子目如倫紀類爲大綱則君臣父子兄弟爲子目王道類爲大綱則井田學校爲子目此外各門可以類推爾曾看過說文經義述聞二書中可鈔者多此外如江愼修之類腋及子史精華淵鑑類函則可鈔者尤多矣爾試爲之此科名之要道亦卽學問之捷徑也此諭

咸豐九年六月十四日

字諭紀澤接爾二十九三十號兩稟得悉書經注疏看商書已畢書經注疏頗庸陋不如詩經之該博我　朝儒者如閻百詩姚姬傳諸公皆辨別古文尚書之僞孔安國之傳亦僞作也蓋秦燔書後漢代伏生所傳歐陽及大小夏侯所習皆僅二十八

篇所謂今文尚書者也厥後孔安國家有古文尚書多十餘篇遭巫蠱之事未得立於學官不傳於世厥後張霸有尚書百兩篇亦不傳於世後漢賈逵馬鄭作古文尚書注解亦不傳於世至東晉梅賾始獻古文尚書幷孔安國傳自六朝唐宋以來承之卽今通行之本也自吳才老及朱子梅鼎祚歸震川皆疑其爲僞至閻百詩遂專著一書以痛辨之名曰疏證自是辨之者數十家人人皆稱僞古文僞孔氏也日知錄中略著其原委王西莊孫淵如江艮庭三家皆詳言之（皇清經解中有江書不足觀）此亦六經中一大案不可不知也爾讀書記性平常此不足慮所慮者第一怕無恆第二怕隨筆點過一遍幷未看得明白此卻是大病

若實看明白了久之必得些滋味寸心若有怡悅之境則自略記得矣爾不必求記卻宜求箇明白鄧先生講書仍請講周易折中余圈過之通鑑暫不必講恐汙壞耳爾每日起得早否弁問此諭

咸豐九年八月十二日黃州

字諭紀澤兒接爾七月十三廿七日兩稟幷賦一篇尚有氣勢茲批出發還凡作文末數句要吉祥凡作字墨色要光潤此先大夫竹亭公常以教余與諸叔父者爾謹記之無忘祖訓爾問各條分列示知爾問五箴末句敢告馬走凡箴以虞箴爲最古左傳襄公其末曰獸臣司原敢告僕夫意以獸臣有司郊原之責吾不敢直告之但告其僕耳揚子雲仿之作州箴冀州曰牧臣司冀敢告在階揚州曰牧臣司揚敢告執籌荊州曰牧臣司荊敢告執御青州曰牧臣司青敢告執矩徐州曰牧臣司徐敢告僕夫余之敢告馬走卽此類也走猶僕也見司馬遷任安書注班固賓戲注朱子作敬箴曰敢告靈臺則非僕御之類於古人微有歧誤矣凡箴以官箴爲本如韓公五箴程子四箴朱子各箴范浚心箴之屬皆失本義余亦相沿失之爾問看注疏之法書經文義奧衍注疏勉強牽合二語甚有所見左疏淺近亦頗不免　國朝如王西莊鳴盛孫淵如星衍江艮庭聲皆注尚書顧亭林炎武惠定宇棟王伯申引之皆注左傳皆刻　皇清經解中書經則孫注

較勝王江不甚足取左傳則顧惠王三家俱精王亦有書經述聞爾曾看過一次矣六揼十三經注疏以三禮爲最善詩疏次之此外皆有醕有駁爾既已看動數經卽須立志全看一過以期作事有恆不可半塗而廢爾問作字換筆之法凡轉折之處如㇆㇇乚乚之類必須換筆不待言矣至並無轉折形迹亦須換筆者如以一橫言之須有三換筆○○○末向上挑所謂磔也中折而下行所謂波也右向上行所謂勒也初入手所謂直來橫受也以一直言之須有兩換筆了○直橫入所謂橫來直受也上向左行至中腹換而右行所謂努也捺與橫相似特末筆磔處更顯耳○○○磔波直入撇與直相似特末筆更撤向外耳○○○橫入掠停凡換筆皆以小圈識之可以類推凡用筆須略帶欹斜之勢如本斜向左一換筆則向右矣本斜向右一換則向左矣舉一反三爾自悟取可也李春醴處余擬送之八十金若家中未先送可寄信來凡家中親友有慶弔事皆可寄信由營致情也

咸豐九年九月二十四日

字諭紀澤廿一日得家書知爾至長沙一次何不寄安稟來營婚期改九月十六余甚喜慰余老境侵尋頗思將兒女婚嫁早早料理袁漱六親家患嗒血疾昨專人走松江看視若得復元吾卽思明春辦大女兒嫁事袁鋏庵來我家時爾稟問母親可以吾意商之京中書到時有胡刻通鑑一部留家中講解卽將吾圈過一部寄來營可也又汲古閣初印五代史一部亦寄來

皮衣等件速速寄來吾買帖數十部下次寄爾此諭

咸豐九年十月十四日

字諭紀澤兒接爾十九二十九日兩稟知喜事完畢新婦能得爾母之歡是卽家庭之福我　朝列聖相承總是寅正卽起至今二百年不改我家高曾祖考相傳早起吾得見竟希公星岡公皆未明卽起冬寒起坐約一箇時辰始見天亮吾父竹亭公亦甫黎明卽起有事則不待黎明每夜必起看一二次不等此爾所及見者也余近亦黎明卽起思有以紹先人之家風爾既冠授室當以早起爲第一先務自力行之亦率新婦力行之余生平坐無恆之弊萬事無成德無成業無成已可深恥矣逮辦理軍事自矢靡他中間本志變化尤無恆之大者用爲內恥爾欲稍有成就須從有恆二字下手余嘗細觀星岡公儀表絕人全在一重字余行路容止亦頗重厚蓋取法於星岡公爾之容止甚輕是一大弊病以後宜時時留心無論行坐均須重厚早起也有恆也重也三者皆爾最要之務早起是先人之家法無恆是吾身之大恥不重是爾身之短處故特諄諄戒之吾前一信答爾所問者三條一字中換筆一敢告馬走一注疏得失言之頗詳爾來稟何以并未提及以後凡接我教爾之言宜條條稟復不可疎略此外教爾之事則詳於寄寅皆先生看讀寫作一緘中矣此諭

咸豐十年閏三月初四日

字諭紀澤初一日接爾十六日稟澄叔已移寓新居則黄金堂老宅爾爲一家之主矣昔吾祖星岡公最講求治家之法第一起早第二打掃潔淨第三誠修祭祀第四善待親族鄰里凡親族鄰里來家無不恭敬款接有急必周濟之有訟必排解之有喜必慶賀之有疾必問有喪必弔此四事之外於讀書種菜等事尤爲刻刻留心故余近寫家信常常提及書蔬魚豬四端者蓋祖父相傳之家法也爾現讀書無暇此八事縱不能一一親自經理而不可不識得此意請朱運四先生細心經理八者缺一不可其誠修祭祀一端則必須爾母隨時留心凡器皿第一等好者留作祭祀之用飲食第一等好者亦備祭祀之需凡人家不講究祭祀縱然興旺亦不久長至要至要爾所論看文選之法不爲無見吾觀漢魏文人有二端最不可及一曰訓詁精確二曰聲調鏗鏘說文訓詁之學自中唐以後人多不講宋以後說經尤不明故訓及至我
朝巨儒始通小學段茂堂王懷祖兩家遂精研乎古人文字聲音之本乃知文選中古賦所用之字無不典雅精當爾若能熟讀段王兩家之書則知眼前常見之字凡唐宋文人誤用者惟六經不誤文選中漢賦亦不誤也即以爾稟中所論三都賦言之如蔚若相如嚼若君平以一蔚字該括相如之文章以一嚼字該括君平之道德此雖不盡

關乎訓詁，亦足見其下字之不苟矣。至聲調之鏗鏘，如「開高軒以臨山，列綺窗而瞰江」、「碧出萇宏之血，鳥生杜宇之魄」、「洗兵海島，刷馬江洲」、「數軍實乎桂林之苑，饗戎旅乎落星之樓」等句，音響節奏，皆後世所不能及。爾看文選，能從此二者用心，則漸有入理處矣。作梅先生想已到家，爾宜恭敬款接。沅叔既已來營，則無人陪往益陽。聞胡宅專人至吾鄉迎接，即請作梅獨去可也。爾舅父牧雲先生身體不甚耐勞，即請其無庸來營。吾此次無信，爾先致吾意，下次再行寄信。此囑。

咸豐十年四月初四日

字諭紀澤：二十七日劉得四到，接爾稟，所謂論文選俱有所得，問小學亦有條理，甚以為慰。沅叔於二十七到宿松，初三日由宿至集賢關，將爾稟帶去矣。余不能悉記，但記爾問穜種二字。此字段茂堂辨論甚晰。種為埶也（猶吾鄉言栽也、點也、插也），種為後熟之禾。詩之「黍稷重穋」（七月、閟宮），說文作種稑，種亞字也，穜段借字也，穋與稑異同字也。隸書以穜種二字互易，今人於耕穜概用種字矣。吾於訓詁、詞章二端頗嘗盡心。爾看書若能通訓詁，則於古人之故訓大義、引伸段借漸漸開悟，而後人承訛襲謬之習可改。若能通詞章，則於古人之文格文氣、開合轉折漸漸開悟，而後人硬腔滑調之習可改。是余之所厚望也。嗣後爾每月作三課：一賦，一古文，一時文，皆交長夫帶至營中。每月恰有三次長夫

接家信也吾於爾有不放心者二事一則舉止不甚重厚二則文氣不甚圓適以後舉止留心一重字行文留心一圓字至囑

咸豐十年四月二十四日

字諭紀澤十六日接爾初二日稟并賦二篇近日大有長進慰甚無論古今何等文人其下筆造句總以珠圓玉潤四字爲主無論古今何等書家其落筆結體亦以珠圓玉潤四字爲主故吾前示爾書專以一重字救爾之短一圓字望爾之成也世人論文家之語圓而藻麗者莫如徐陵庾信而不知江淹鮑照則更圓進之沈約任昉則亦圓進之潘岳陸機則亦圓又進而溯之東漢之班固張衡崔駰蔡邕則亦圓又進而溯之西漢之賈誼鼂錯匡衡劉向則亦圓至於馬遷相如子雲三人可謂力趨險奥不求圓適矣而細讀之亦未始不圓至於昌黎其志意直欲陵駕子長卿雲三人戛戛獨造力避圓熟矣而久讀之實無一字不圓無一句不圓爾於古人之文若能從江鮑徐庾四人之圓步步上溯直窺卿雲馬韓四人之圓則無不可讀之古文矣即無不可通之經史矣爾其勉之余於古人之文用功甚深惜未能一一達之腕下每歉然不怡耳江浙賊勢大亂江西不久亦當震動兩湖亦難安枕余寸心坦坦蕩蕩毫無疑怖爾稟告爾母儘可放心人誰不死只求臨終心無愧悔耳家中暫不必添起雜屋總以安靜不動爲妙

咸豐十年十月十六日

字諭紀澤鴻兒澤兒在安慶所發各信及在黃石磯湖口之信均已接到鴻兒所呈擬連珠體壽文初七日收到余以初九日出營至黟縣查閱各嶺十四日歸營一切平安鮑超張凱章二軍自廿九初四獲勝後未再開仗楊軍門帶水陸三千餘人至南陵破賊四十餘壘拔出陳大富一軍此近日最可喜之事英夷業已就撫余九月六日請帶兵北援一疏奉 旨無庸前往余得一意辦東南之事家中儘可放心澤兒看書天分高而文筆不甚勁挺又說話太易舉止太輕此次在祁門爲日過淺未將一輕字之弊除盡以後須於說話走路時刻刻留心鴻兒文筆

勁健可慰可喜此次連珠文先生改者若干字擬體係何人主意再行詳稟告我銀錢田產最易長驕氣逸氣我家中斷不可積錢斷不可買田爾兄弟努力讀書決不怕沒飯吃至囑澄叔處此次未寫信爾稟告之

聞鄧世兄讀書甚有長進頃閱賀壽之單帖壽稟書法清潤茲付銀十兩爲鄧世兄汪匯買書之資此次未寫信寄寅階先生前有信留明年教書仍收到矣

咸豐十年十一月初四日

字諭紀澤鴻兒十月廿九日接爾母及澄叔信又棉鞋瓜子二包得知家中各宅平安澤兒在漢口阻風六日此時當已抵家舉

此要重發言要訓爾終身須牢記此二語無一刻可忽也余日內平安鮑張二軍亦平安左軍廿二日在貴溪獲勝一次廿九日在德興小勝一次然賊數甚眾尚屬可慮普軍在建德賊以大股往撲祇要左普二軍站得住則處處皆穩矣澤兒字天分甚高但少剛勁之氣須用一番苦工夫切莫把天分自棄了家中大小總以起早爲第一義澄叔處此次未寫信爾等稟之

咸豐十年十二月二十四日

字諭紀澤曾名琮來接爾十一月廿五日稟知十五十七尚有兩稟未到爾體甚弱咳吐鹹痰吾尤以爲慮然總不宜服藥藥能活人亦能害人良醫則活人者十之七害人者十之三庸醫則害人者十之七活人者十之三余在鄉在外凡目所見者皆庸醫也余深恐其害人故近三年來決計不服醫生所開之方藥亦不令爾服鄉醫所開之方藥見理極明故言之極切爾其敬聽而遵行之每日飯後走數千步是養生家第一秘訣爾每餐食畢可至唐家鋪一行或至澄叔家一行歸來大約可三千餘步三箇月後必有大效矣爾看完後漢書須將通鑑看一遍即將京中帶回之通鑑仿照余法用筆點過可也爾走路近略重否說話略鈍否千萬留心此諭

咸豐十一年正月初四日

字諭紀澤臘月廿九日接爾一稟係十一月十四日送家信之

人帶回又由沅叔處送到爾初歸時二信懸悉讀仙先生之令弟仙逝余於近日當寫信並寄奠儀爾當先去弔唁爾問文中雄奇之道雄奇以行氣為上造句次之選字又次之然未有字不古雅而句能古雅句不古雅而氣能古雅者亦未有字不雄奇而句能雄奇句不雄奇而氣能雄奇者是文章之雄奇其精處在行氣其粗處全在造句選字也余好古人雄奇之文以昌黎為第一揚子雲次之二公之行氣本之天授至於人事之精能昌黎則造句之工夫居多子雲則選字之工夫居多爾問敘事志傳之文難於行氣是殊不然如昌黎曹成王碑韓許公碑固屬千奇萬變不可方物即盧夫人之銘女挐之誌寥寥短

篇亦復雄奇崛強爾試將此四篇熟看則知二大二小各極其妙矣爾所作雪賦詞意頗古雅惟氣勢不暢對仗不工兩漢不尚對仗潘陸則對矣江鮑庾徐則工對矣爾宜從對仗上用工夫此囑

咸豐十一年正月十四日

字諭紀澤爾來鈔古文目錄下次即行寄歸爾寫字筆力太弱以後即常摹柳帖亦好家中有柳書元祕塔琅邪碑西平碑各種爾可取琅邪碑日臨百字摹百字臨以求其神氣摹以仿其間架每次家信內各附數紙送閱左傳注疏閱畢即閱看通鑑將京中帶回之通鑑做我手校本將目錄寫於面上其去秋在

營帶去之手校本便中仍當寄送祁門余常思繙閱也爾言鴻兒爲鄧師所賞余甚欣慰鴻兒現閱通鑑爾亦可時時教之爾看書天分甚高作字天分甚高作詩文天分略低若在十五六歲時教導得法亦當不止於此今年已廿三歲全靠爾自己紮掙發憤父兄師長不能爲力作詩文是爾之所短卽宜從短處痛下工夫看書寫字爾之所長卽宜拓而充之走路宜重說話宜遲常常記憶否余身體平安告爾母放心

咸豐十一年正月二十四日

字諭紀澤正月十四發第二號家信亮已收到日內祁門尚屬平安鮑春霆自初九日在洋塘獲勝後卽追賊至彭澤官軍駐

牯牛嶺賊匪踞下隅坂與之相持尚未開仗日內雨雪泥濘寒風凜冽氣象殊不適人意僞忠王李秀成一股正月初五日圍玉山縣初八日圍廣豐縣初十日圍廣信府均經官軍竭力堅守解圍以去現竄鉛山之吳坊陳坊等處或由金溪以竄撫建或徑由東鄉以撲江西省城皆意中之事余囑劉養素等堅守撫建而省城亦預籌防守事宜祗要李逆一股不甚擾江西腹地黃逆一股不再犯景德鎮等三四月間安慶克復江北可分兵來助南岸則大局必有轉機矣目下春季必尚有危險迭見余嘗謹慎圖之泰然處之余身體平安惟齒痛時發所選古文已鈔目錄寄歸其中有未注明名氏者爾可查出補注大約不

咸豐十一年三月十三日

咸豐十一年二月十四日

塞順卷上

三六

以初三日至休甯縣卽聞景德鎭失守之信初四日寫家書託九叔處寄湘卽言此間局勢危急恐難支持然猶意力攻徽州或可得手卽是一條生路初五日進攻强中湘前等營在西門挫敗一次十二日再行進攻未能誘賊出仗是夜二更賊匪偷營劫村强中湘前等營大潰凡去廿二營其挫敗者八營（强中三營老湘三營湘前一霆字一）其幸而完全無恙者十四營（老湘六霆三禮二親兵一峯二）與咸豐四年十二月十二夜賊偷湖口水營情形相仿此次未挫之營較多以尋常兵事言之此尚爲小挫不甚傷元氣目下值局勢萬緊之際四面梗塞接濟已斷加此一挫軍心尤大震動所盼望者左軍能破景德鎭樂平之賊鮑軍能從湖口迅速來援事或略有轉機否則不堪設想矣余自從軍以來卽懷見危授命之志丁戊年在家抱病常恐溘逝牖下渝我初志失信於世起復再出意尤堅定此次若遂不測毫無牽戀自念貧窶無知官至一品壽逾五十薄有浮名兼秉兵權忝竊萬分夫復何憾惟古文與詩二者用力頗深探索頗苦而未能介然用之獨闢康莊古文尤確有依據若遂先朝露則寸心所得遂成廣陵之散作字用功最淺而近年亦略有入處三者一無所成不無耿耿至行軍本非余所長兵貴奇而余太平兵貴詐而余太直豈能辦此滔天之賊卽前此屢有克捷已爲僥倖出於非望矣爾等長大之後切不可涉歷兵間此事難於見功易於造孽尤易

於詒萬世口實余久處行間日日如坐鍼氊所差不負吾心不負所學者未嘗須臾忘愛民之意耳近來閱歷愈多深諳督師之苦爾曹惟當一意讀書不可從軍亦不必作官吾教子弟不離八本三致祥八者曰讀古書以訓詁爲本作詩文以聲調爲本養親以得歡心爲本養生以少惱怒爲本立身以不妄語爲本治家以不晏起爲本居官以不要錢爲本行軍以不擾民爲本三者曰孝致祥勤致祥恕致祥吾父竹亭公之教人則專重孝字其少壯敬親暮年愛親出於至誠故吾纂墓誌僅叙一事吾祖星岡公之教人則有八字三不信八者曰考寶早掃書蔬魚豬三者曰僧巫曰地仙曰醫藥皆不信也處茲亂世銀錢愈

少則愈可免禍用度愈省則愈可養福爾兄弟奉母除勞字儉字之外別無安身之法吾當軍事極危輒將此二字叮囑一徧此外亦別無遺訓之語爾可稟告諸叔及爾母無忘

咸豐十一年四月初四日東流縣

字諭紀澤三月卅日建德途次接澄侯弟在永豐所發一信并爾將去省時在家所留之稟爾到省後所寄一稟卻於廿八日先到也余於廿六日自祁門拔營起行初一日至東流縣鮑軍七千餘人於廿五日自景德鎮起行三十日至下隅坂因風雨阻滯初三日始渡江即日進援安慶大約初八九可到沅弟季弟在安慶穩守十餘日極爲平安朱雲巖帶五百人廿四自祁

門起行初二日已至安慶助守營濠家中儘可放心此次賊救
安慶取勢乃在千里以外如湖北則破黃州破德安破孝感破
隨州雲夢黃梅蘄州等屬江西則破吉安破瑞州吉水新淦永
豐等屬皆所以分兵力亟肄以疲我多方以誤我賊之善於用
兵似較昔年更狡更悍吾但求力破安慶一關此外皆不遽與
之爭得失轉旋之機只在一二月可決耳鄉間早起之家蔬菜
茂盛之家類多興旺晏起無蔬之家類多衰弱爾可於省城菜
園中用重價雇人至家種蔬或二人亦可其價若干余由營中
寄回此囑

咸豐十一年六月二十四日

字諭紀澤六月廿日唐介科回營接爾初三日稟并澄叔一函
具悉一切今年彗星出於北斗與紫微垣之間漸漸南移不數
日而退出右輔與搖光之外並未貫紫微垣亦未犯天市也占
驗之說本不足信即有不祥或亦不大爲害省雇園丁來家宜
廢田一二坵用爲菜園吾現在營課勇夫種菜每塊土約三丈
長五尺寬窄者四尺餘寬務使芸草及摘蔬之時人足行兩邊
溝內不踐菜土之內溝寬一尺六寸足容便桶大小橫直有溝
有澮下雨則水有所歸不使積潦傷菜四川菜園極大溝澮終
歲引水長流頗得古人井田遺法吾鄉一家園土有限斷無橫
溝兩直溝則不可少吾鄉老農雖不甚精猶頗認真老圃則全

不講究我家開此風氣將來荒山曠土盡可開墾種百穀雜蔬之類如種茶亦獲利極大吾鄉無人試行吾家若有山地可試種之爾前問說文中逸字今將貴州鄭子尹所箸二卷寄爾一閱渠所補一百六十五文皆許書本有之字而後世脫失者也其子知同又附考三百字則許書本無之字而他書引說文有之知同辨爲不當有者也爾將鄭氏父子書細閱一編則知叔重原有之字被傳寫逸脫者實已不少紀渠姪近寫篆字甚有筆力可喜可慰茲圈出付回爾須教之認熟篆文幷解明偏旁本意渠姪湘姪要大字橫扁余即日當寫就付歸壽姪亦當付一扁也家中有李少温篆帖三墳記栖先塋記亦可尋出呈澄叔一閱澄弟作篆字間架太散以無帖意故也鄧石如先生所寫篆字西銘弟子職之類永州楊太守新刻一套爾可求郭意誠姻叔搨一二分俾家中寫篆者有所摹仿家中有褚書西安聖教同州聖教爾可尋出寄營王聖教亦寄來一閱如無禊者則不必寄也漢魏六朝百三家集京中一分江西一分想俱在家可寄一部來營余瘡疾略好而癬大作手不停爬幸飲食如常安慶軍事甚好大約可克復矣此次未寫信與澄叔爾將此呈閱幷問澄弟近好

咸豐十一年七月十四日

字諭紀澤爾前寄所臨書譜一卷余比送徐柳臣先生處請其

批評初七日接渠回信茲寄爾一閱十三日晤柳臣先生渠盛稱爾草字可以入古又送爾扇一柄茲寄回劉世兄送西安聖教茲與手卷幷寄回查收爾前用油紙摹字若常常爲之間架必大進歐虞顔柳四大家是詩家之李杜韓蘇天地之日星江河也爾有志學書須窺尋四人門徑至囑至囑

咸豐十一年七月二十四日

字諭紀澤前接來稟知爾鈔說文閱通鑑均尚有恆能耐久坐至以爲慰去年在營余教以看讀寫作四者闕一不可爾今閱通鑑算看字工夫鈔說文算讀字工夫尚能臨帖否或臨書譜或用油紙摹歐柳楷書以藥爾柔弱之體此寫字工夫必不可少者也爾去年曾將文選中零字碎錦分類纂鈔以爲屬文之材料今尚照常摘鈔否已卒業否或分類鈔文選之詞藻或分類鈔說文之訓詁爾生平作文太少卽以此代作字工夫亦不可少者也爾十餘歲至二十歲虛度光陰及今將看讀寫作四字逐日無間尚可有成爾語言太快舉止太輕近能力行遲重二字以改救否此間軍事平安援賊於十九廿廿一日撲安慶後濠均經擊退廿二日自巳刻起至五更止猛撲十一次亦竭力擊退從此當可化險爲夷安慶可望克復矣余癬疾未愈每日夜手不停爬幸無他病皖南有左張江西有鮑均可放心目下惟安慶較險然過廿二之風波當無慮也

咸豐十一年八月二十四日

字諭紀澤八月廿日胡必達謝榮鳳到接爾母子及澄叔三信並漢魏百三家聖教序三帖廿二日譚在榮到又接爾及澄叔二信具悉一切蔡迎五竟死於京口江中可異可憫茲將其口糧三兩補去外以銀廿兩振卹其家朱運四先生之母仙逝茲寄去奠儀銀八兩蕙姑娘之女一貞於今冬發嫁茲付去奩儀十兩家中可分別妥送大女兒擇於十二月初三日發嫁袁家已送期來否余向定妝奩之資二百金茲先寄百金回家製備衣物餘百金俟下次再寄其自家至袁家途費暨六十姪女出嫁奩儀均俟下次再寄也居家之道惟崇儉可以長久處亂世

尤以戒奢侈爲要義衣服不宜多製尤不宜大鑲大緣過於絢爛爾教導諸妹敬聽父訓自有可久之理牧雲舅氏書院一席余已函託寄雲中丞沅叔告假回長沙當面再一提及當無不成余身體平安廿一日成服哭臨現在三日已畢瘡尚未好每夜搔癢不止幸不甚爲害滿叔近患瘧疾廿二日全愈矣此次未寫澄叔信爾將此呈閱

咸豐十一年九月初四日

字諭紀澤接爾八月十四日稟幷日課一單分類目錄一紙日課單批明發還目錄分類非一言可盡大抵有一種學問卽有一種分類之法有一人嗜好卽有一人摘鈔之法若從本原論

之當以爾雅爲分類之故古者天之星辰地之山川鳥獸草木皆古聖賢人辨其品彙而之以名書所稱大禹主名山川禮所稱黃帝正名百物是也物必先有名而後有是字故必知命名之原乃知文字之原舟車弓矢俎豆鐘鼓日用之具皆先王制器以利民用必先有器而後有是字故又必知制器之原乃知文字之原君臣上下禮樂兵刑賞罰之法皆先王立事以經綸天下或先有事而後有字或先有字而後有事故又必知萬事之本而後知文字之原此三者物最初器次之事又次之三者既具而後有文詞爾雅一書如釋天釋地釋山釋水釋草木釋鳥獸蟲魚物之屬也釋器釋宮釋樂器之屬也釋親事之屬也釋詁釋訓釋言文詞之屬也爾雅之分類惟屬事者最略後世之分類惟屬事者最詳事之中又判爲兩端焉曰虛事曰實事虛事者如經之三禮馬之八書班之十志及三通之區別門類是也實事者就史鑑中已往之事蹟分類纂記如事文類聚白孔六帖太平御覽及我　朝淵鑑類函子史精華等書是也爾所呈之目錄亦是鈔摘實事之象而不如子史精華中目錄之精當余在京藏子史精華溫叔於廿八年帶回想尚在白玉堂爾可取出核對將子目略爲減少後世人事日多史冊日繁摘類書者事多而器物少乃勢所必然爾即可照此鈔去但期與子史精華規模相仿即爲善本其末附古語鄙諺雖未必無用

而不如徑摘鈔說文訓詁庶與爾雅首三篇相近也余亦思仿爾雅之例鈔纂類書以記日知月無忘之效特患年齒已衰軍務少暇終不能有所成或余少引其端爾將來繼成之可耳余身體尚好惟瘡久不愈沅叔已拔營赴廬江無爲州一切平安胡宮保仙逝是東南大不幸事可傷之至紫兼豪營中無之茲付筆廿枝印章一包查收藍格本下次再付澄叔處尚未寫信將此送閱

咸豐十一年九月二十四日

字諭紀澤昨見爾所作說文分韻解字凡例喜爾今年甚有長進固請莫君指示錯處莫君名友芝字子偲號郘亭貴州辛卯舉人學問淹雅丁未年在琉璃廠與余相見心敬其人七月來營復得暢談其學於考據詞章二者皆有本原義理亦踐修不苟茲將渠批訂爾所作之凡例寄去余亦批示數處又寄銀百五十兩合前寄之百金均爲大女兒于歸之用以二百金辦匳具以五十金爲程儀家中切不可另籌銀錢過於奢侈遭此亂世雖大富大貴亦靠不住惟勤儉二字可以持久又寄丸藥二小瓶與爾母服食爾在家常能早起否諸弟妹早起否說話遲鈍行路厚重否宜時時省記也

咸豐十一年十月二十四日

字諭紀澤初四夜接爾二十六號稟所刻心經微有西安聖教

筆意總要養得胸次博大活潑此後更當有長進也爾去年看詩經注疏已畢否若未畢自當補看不可無恆耳講通鑑卽以我過筆者講之亦可將來另購一部爾照我之樣過筆一次可也

咸豐十一年十二月十四日

字諭紀澤接沅叔信知二女喜期陳家擇於正月二十日入贅澄叔欲於鄉間另備一屋余意卽在黃金堂成禮或借曾家垇頭行禮三朝後仍接回黃金堂想爾母子與諸叔已有定議矣玆寄回銀二百兩爲二女奩資外五十金爲酒席之資俟下次寄回亦於此次寄矣浙江全省皆失賊勢浩大迥異往時氣象鮑軍在青陽亦因賊衆兵單未能得手徽州近又被圍余任大責重憂悶之至瘡癬並未少減每當痛癢極苦之時常思與爾母子相見因賊氛環逼不敢遽接家眷又以羅氏女須嫁紀鴻須出考且待明春察看如賊燄少衰安慶無虞則接爾母帶紀鴻來此一行爾夫婦與陳壻在家照料一切若賊氛日甚則仍接爾來此一行明年正二月再有准信紀鴻縣府各考均須請鄧師親送澄叔前言紀鴻至書院讀書則斷不可前蒙　恩賜　遺念衣一冠一搬指一表一玆用黃箱送回宣宗遺念衣一玉佩一亦可藏此箱內敬謹尊藏此囑

同治元年正月十四日

字諭紀澤正月十三四連接爾十二月十六廿四兩稟又得澄叔十二月廿二日一緘備悉一切爾詩一首閱過發回爾詩筆遠勝於文筆以後宜常常爲之余久不作詩而好讀詩每夜分輒取古人名篇高聲朗誦用以自娱今年亦當間作二三首與爾曹相和答仿蘇氏父子之例爾之才思能古雅而不能雄駿大約宜作五言而不宜作七言余所選十八家詩凡十厚册在家中此次可交來丁帶至營中爾要讀古詩漢魏六朝取余所選曹阮陶謝鮑謝六家專心讀之必與爾性質相近至於開拓心胸擴充氣魄窮極變態則非唐之李杜韓白宋金之蘇黃陸元八家不足以盡天下古今之奇觀爾之質性雖與八家者不

相近而要不可不將此八人之集悉心研究一番實六經外之鉅製文字中之尤物也爾於小學粗有所得深用爲慰欲讀周漢古書非明於小學無可問津余於道光末年始好高郵王氏父子之說從事戎行未能卒業冀爾竟其緒耳余身體尚可支持惟公事太多每易積壓癬痒迄未甚愈家中索用銀錢甚多其最要緊者余必付回京報在家不知係報何喜若節制四省則余已兩次疏辭矣此等空空體面豈亦有喜報耶

同治元年二月十四日

字諭紀澤二月十三日接正月廿三日來稟并澄侯叔一信知五宅平安二女正月廿日喜事諸凡順遂至以爲慰此間軍事

五字平安二丈五尺廿日喜事諸凡願數年以舊憑出問軍事

辛齊弓軍二月十三日數五月廿三日來稟我教完妹一訖咲

同部六年二月十四日

傾余弓兩大赦擒矣出孝空空靜而岂乖省喜驛邪

其是要操苦余忍扑回京游五寒不收殺邪回喜菶循佛四省

粧捒公軍太冬函是肅擧藏我立未甚忿寒中柬用驗幾其忿

父午之蒿燮喜然許未猫卒業冀爾竟其絲耳余艮艷尚戶文

囊古蒿非門尒小牽燕石問事余兖首光未羊故役高興王卅

駿媡大宇中之小冲世爾尒小牽盍育祀界朶用甾懇秾顬周

眜或面要不可不抖此八人之棗悉忘稳猿一番實六鏊代文

元八寒不只以盍天下古今之香醫讀之資書讅與八寒苦不

忍國戴大床朝家辣變藐頃非書之本耒咊韓白未金之藏黃封

蹇曹永闢嶠徧六寒專忍蒿之忿與兩抖資林送至然聞事

寒中北大下交來丁帶至營中頜要藐古蒿蒙六晦邓余问

大餘宜扑正言而不宜扑子言余问數十八寒荮八十早卅五

鐔邓古人谷藕高虁丑父午文幄蘭大木思猫古報而不猶耬

講曹眜味荅古藕丑父午文憾今牟不當間扑二三首與

薆槻欲文崋以効宜常常紁大余八不扑藕所较虁蒿問文本

跣十二尼廿二日一殊謝悲一四镾铸一首圕歟發回傳荮

宄論弓擧五尼十三四肢恐獼十二尼十六十四兩稟文罜罜

如恆徽州解圍後賊退不遠亦未再來犯左中丞進攻遂安以爲攻嚴州保衢州之計鮑春霆頓兵青陽近未開仗洪叔在三山夾收降卒三千人編成四營沅叔初七日至漢口十五後當可抵皖李希帥初九日至安慶三月初赴六安州多禮堂進攻廬州賊堅守不出上海屢次被賊撲犯洋人助守尚幸無恙余身體平安今歲間能成寐爲近年所僅見惟 聖眷太隆責任太重深以爲危知交有識者亦皆代我危之只好刻刻謹慎存一臨深履薄之想而已今年縣考在何時鴻兒赴考須請寅師往送寅師父子一切盤費皆我家供應也

同治元年三月十四日

字諭紀澤三月十三日接爾二月廿四日安稟并澄叔信具悉五宅平安爾至葛家送親後又須至劉陽送陳婿夫婦又須趕回黃宅送親又須接辦羅氏女喜事今年春夏爾在家中比余在營更忙然古今文人學人莫不有家常瑣事之勞其身莫不有世態冷暖之攖其心爾現當家門鼎盛之時炎涼之狀不接於目衣食之謀不縈於懷雖奔走煩勞猶遠勝於寒士困苦之境也爾母咳嗽不止其病當在肺家兹寄去好參四錢五分高麗參半斤好者如試之有效當託人到京再買也余近久不吃丸藥每月兩逢節氣服歸脾湯三劑邇來渴睡甚多不知是好是歹軍事平安鮑公於初七日在銅陵獲一大勝仗少荃坐火

輪船於初八日赴上海其所部六千五百人當陸續載去希庵所派救潁州之兵潁郡於初五日解圍第三女於四月廿二日于歸羅家玆寄去銀二百五十兩查收餘不詳即呈澄叔一閱此囑

同治元年四月初四日

字諭紀澤連接爾十四廿二日在省城所發稟知二女在陳家門庭雍睦衣食有資不勝欣慰爾累月奔馳酬應猶能不失常課當可日進無已人生惟有常是第一美德余早年於作字一道亦嘗苦思力索終無所成近日朝朝摹寫久不間斷遂覺月異而歲不同可見年無分老少事無分難易但行之有恆自如

種樹畜養日見其大而不覺耳爾之短處在言語欠鈍訥舉止欠端重看書能深入而作文不能峥嶸若能從此三事上下一番苦工進之以猛持之以恆不過一二年自爾精進而不覺言語遲鈍舉止端重則德進矣作文有峥嶸雄快之氣則業進矣爾前作詩差有端緒近亦常作否李杜韓蘇四家之七古驚心動魄曾涉獵及之否此間軍事近日極得手鮑軍連克青陽石埭太平涇縣四城沅叔連克巢縣和州含山三城暨銅城閘雍家鎮裕溪口西梁山四隘滿叔連克繁昌南陵二城暨魯港一隘現仍穩慎圖之不敢驕矜余近日瘡癬大發與去年九十月相等公事叢集竟日忙冗尚多積閣之件所幸飲食如常每夜

安眠或二更三更之久不似往昔徹夜不寐家中可以放心此
信并呈澄叔一閱不另致也

同治元年四月二十四日

字諭紀澤鴻今日專人送家信甫經成行又接王輝四等帶來四
月初十之信爾與澄叔各一件藉悉一切爾近來寫字總失之
薄弱骨力不堅勁墨氣不豐腴與爾身體向來輕字之弊正是
一路毛病爾當用油紙摹顏字之郭家廟柳字之琅琊碑元秘
塔以藥其病日日留心專從厚重二字上用工否則字質太薄
即體質亦因之更輕矣人之氣質由於天生本難改變惟讀書
則可變化氣質古之精相法并言讀書可以變換骨相欲求變

之之法總須先立堅卓之志即以余生平言之三十歲前最好
吃煙片刻不離至道光壬寅十一月廿一日立志戒煙至今不
再吃四十六歲以前作事無恆近五年深以為戒現在大小事
均尚有恆即此二端可見無事不可變也爾於厚重二字須立
志變改古稱金丹換骨余謂立志即丹也此囑

同治元年五月十四日

字諭紀澤接爾四月十九日一稟得知五宅平安爾說文將看
畢擬先看各經注疏再從事於詞章之學余觀漢人詞章未有
不精於小學訓詁者如相如子雲孟堅於小學皆專著一書文
選於此三人之文著錄最多余於古文志在效法此三人并司

馬遷韓愈五家以此五家之文精於小學訓詁不妄下一字也爾於小學既粗有所見正好從詞章上用功說文看畢之後可將文選細讀一過一面細讀一面鈔記一面作文以仿效之凡奇僻之字雅故之訓不手鈔則不能記不摹仿則不慣用自宋以後能文章者不過小學　國朝諸儒通小學者又不能文章余早歲窺此門徑因人事太繁又久歷戎行不克卒業至今用爲疚憾爾之天分長於看書短於作文此道太短則於古書之用意行氣必不能看得諦當目下宜從短處下工夫專肆力於文選手鈔及摹仿二者皆不可少待文筆稍有長進則以後詁經讀史事事易於著手矣此間軍事平順沅季兩叔皆直逼金陵城下茲將沅信二件寄家一閱惟沅季兩軍進兵太銳後路蕪湖等處空虛頗爲可慮余現籌兵補此瑕隙不知果無疏失否余身體平安惟公事日繁應復之信積閣甚多餘件尚能料理家中可以放心此信送澄叔一閱余思家鄉茶葉甚切迅速付來爲要

同治元年五月二十四日

字諭紀澤二十日接家信係爾與澄叔五月初二所發廿二日又接澄侯衡州一信具悉五宅平安三女嫁事已畢爾信極以袁壻爲慮余亦不料其遽爾學壞至此余即日當作信教之爾等在家卻不宜過露痕蹟人所以稍顧體面者冀人之敬重也

若人之傲惰鄙棄業已露出則索性蕩然無恥拚棄不顧甘與正人爲仇而以後不可救藥矣我家內外大小於袁壻處禮貌均不可疏忽若久不悛改將來或接至皖營延師教之亦可大約世家子弟錢不可多衣不可多事雖至小所關頗大此間各路軍事平安多將軍赴援陝西沅季在金陵孤軍無助不無可慮湖州於初三日失守鮑攻甯國恐難遽克安徽亢旱頃聞三日大雨人心始安穀即在長沙采買以後澄叔不必罣心此次不另寄澄信爾稟告之此囑

同治元年五月二十七日

字諭紀鴻前聞爾縣試幸列首選爲之欣慰所寄各場文章亦

皆清潤大方昨接易芝生先生十三日信知爾已到省城市繁華之地爾宜在寓中靜坐不可出外游戲徵逐茲余函商郭意城先生在於東征局兌銀四百兩交爾在省爲進學之用印卷之費向例兩學及學書共三分爾每分宜送錢百千鄧寅師處謝禮百兩鄧十世兄處送銀十兩助渠買書之資餘銀數十兩爲爾零用及略添衣物之需凡世家子弟衣食起居無一不與寒士相同庶可以成大器若沾染富貴氣習則難望有成吾忝爲將相而所有衣服不值三百金願爾等常守此儉樸之風亦惜福之道也其照例應用之錢不宜過嗇謝廩保二十千賞號亦略豐謁聖後拜客數家即行歸里今年不必鄉試一則爾工夫尚早二則

恐體弱難耐勞也此諭

同治元年七月十四日

字諭紀澤曾代四王飛四先後來營接爾二十日廿六日兩稟具悉五宅平安和張邑侯詩音節近古可慰可慰五言詩若能學到陶潛謝朓一種沖淡之味和諧之音亦天下之至樂人間之奇福也爾既無志於科名祿位但能多讀古書時時哦詩作字以陶寫性情則一生受用不盡第宜束身圭璧法王羲之陶淵明之襟韻蕭灑則可法嵇阮之放蕩名教則不可耳希庵丁艱余卽在安慶送禮寫四兄弟之名家中似可不另送禮或鼎三姪另送禮物亦無不可然只可送祭席輓幛之類銀錢則斷

不必送爾與四叔父六嬸母商之希庵到家之後我家須有人往弔或四叔或爾去皆可或目下先去亦可近年以來爾兄弟讀書所以不甚躭閣者全賴四叔照料大事朱金權照料小事茲寄回鹿茸一架袍褂料一付寄謝四叔麗參三兩銀十二兩寄謝金權又袍褂料一付補謝寅皆先生爾一一妥送家中賀喜之客請金權恭敬款接不可簡慢至要至要賢五先生請余作傳稍遲寄回此次未寫覆信爾先告之家中有殿板職官表一書余欲一看便中寄來鈔本　國史文苑儒林傳尚在否查出稟知此囑

同治元年八月初四日

楊絕兩軍門皆有轉機張凱章聞亦少瘥三公無他故則大局尚可爲也沅叔營中病者亦多沅意欲奏調多公一軍回援金陵多公在秦正當緊急之際焉能東旋且沅季共帶二萬餘人僅保營盤亦無請援之理惟祝病卒漸愈禁得此次風浪則此後普成坦途矣李希庵於閏八月廿三日安慶開行奔喪回里唐義渠卽於是日到皖兩公於余處皆以長者之禮見待公事毫無掣肘余亦推誠相與毫無猜疑皖省吏治或可漸有起色余近日癬疾復發不似去秋之甚眼蒙則逐日增劇夜間幾不復能看字老態相催固其理也

同治元年九月十四日

字諭紀澤接爾閏月稟知澄叔尚在衡州未歸家中五宅平安至以爲慰此間連日惡風驚浪僞忠王在金陵苦攻十六晝夜經沅叔多方堅守得以保全僞侍王初三四亦至現在金陵之賊數近二十萬業經守二十日或可化險爲夷茲將沅叔初九十與我二信寄歸外又有大夫第信一慰家人之心鮑春霆移紮距甯郡城二十里之高祖山雖病弁太多十分可危然凱軍在城主守春霆在外主戰或足禦之惟甯國縣城於初六日失守恐賊猛撲徽州旌德祁門等城又恐其由間道逕竄江西殊可深慮余近日憂灼迥異尋常氣象與八年春間相類蓋安危之機關係太大不僅爲一己之身名計也但願沅霆兩處倖保

無恙則他處尚可徐徐補救此信送澄叔一閱不詳

同治元年十月初四日

字諭紀澤旬日未接家信不知五宅平安如常否此間軍事金柱關蕪湖及水師各營已有九分穩固可靠金陵沅叔一軍已有七分可靠甯國鮑張各軍尚不過五分可靠此次風波之險迥異尋常余憂懼太過似有怔忡之象每日無論有信與無信寸心常若皇皇無主前此專慮金陵沅季大營或有疏失近日金陵已穩而憂皇戰慄之象不為少減自是老年心血虧損之症欲爾再來營中省視父子團聚一次一則或可少解怔忡病症二則爾之學問亦可稍進或今冬起行或明年正月起行稟

明爾母及澄叔行之爾在此住數月歸去再令鴻兒來此一行寅皆先生明年定在大夫第教書鴻兒隨之受業金二外甥有志向學爾可帶之來營餘詳日記中此諭

同治元年十月十四日

字諭紀澤十月初十日接爾信與澄叔九月廿日縣城發信具悉五宅平安希庵病亦漸好至以為慰此間軍事金陵日就平穩不久當可解圍沅叔另有二信余不贅告鮑軍日內甚為危急賊於灣沚渡過河西梗塞霆營糧路霆軍當士卒大病之後布置散漫眾心頗怨深以為慮鮑若不支則張凱章困於甯國郡城之內亦極可危如天之福甯國亦如金陵之轉危為安則

大幸也爾從事小學說文行之不倦極慰極慰小學凡三大宗言字形者以說文爲宗古書惟大小徐二本至 本朝而段氏特開生面而錢坫王筠桂馥之作亦可參觀言訓詁者以爾雅爲宗古書惟郭注邢疏至 本朝而邵二雲之爾雅正義王懷祖之廣雅疏證郝蘭皋之爾雅義疏皆稱不朽之作言音韻者以唐韻爲宗古書惟廣韻集韻至 本朝而顧氏音學五書乃爲不刊之典而江慎修戴東原段茂堂王懷祖孔巽軒江晉三諸作亦可參觀爾欲於小學鑽研古義則三宗如顧江段邵郝王六家之書均不可不涉獵而探討之余近日心緒極亂心血極虧其慌忙無措之象有似咸豐八年春在家之時而憂灼過之甚思爾兄弟來此一見不知爾何日可來營省視仰觀天時默察人事此賊竟無能平之理但求全局不遽決裂余能速死斷不爲萬世所痛罵則幸矣

同治元年十月二十四日

字諭紀澤鴻日內未接家信想五宅平安此間軍事金陵於初五日解圍營中一切平安惟滿叔有病未愈目下危急之處有三一係甯國鮑張兩軍糧路已斷外無援兵一係旌德朱品隆一軍被賊圍撲糧米亦缺一係九洑洲之賊竄過北岸恐李世忠不能抵禦大約此三處者斷難倖全余兩月以來十分憂灼身疼殊甚心緒之惡甚於八年春在家十年春在祁門之狀爾明

年新正來此父子一敍或可少紓憂鬱爾近日走路身體略覺厚重否說話略覺遲鈍否鴻兒近學作試帖詩否袁氏壻近常在家否爾若來此或帶袁壻與金二外甥同來亦好

同治元年十一月初四日

字諭紀澤廿九接爾十月十八在長沙所發之信十一月初一又接爾初九日一稟幷與左鏡和唱酬詩及澄叔之信具悉一切爾詩胎息近古用字亦皆的當惟四言詩最難有聲響有光芒雖文選韋孟以後諸作亦復爾雅有餘精光不足楊子雲之州箴百官箴諸四言刻意摹古亦乏作作之光淵淵之聲余生平於古人四言最好韓公之作如祭柳子厚文祭張署文進學

解送窮文諸四言固皆光如皎日響如春霆卽其他凡墓志之銘詞及集中如淮西碑元和聖德各四言詩亦皆於奇崛之中迸出聲光其要不外意義層出筆仗雄拔而已自韓公而外則班孟堅漢書敍傳一篇亦四言中之最雋雅者爾將此數篇熟讀成誦則於四言之道自有悟境鏡和詩雅潔淸潤實爲吾鄉罕見之才但亦少奇矯之致凡詩文欲求雄奇矯變總須用意有超羣離俗之想乃能脫去恆蹊爾前信讀馬汧督誄謂其沈鬱似史記極是極是余往年亦篤好斯篇爾若於斯篇及蕪城賦哀江南賦九辨祭張署文等篇吟諷不已則聲情自茂文思汩汩矣此間軍事危迫異常九洑洲之賊紛竄江北巢縣和州

厚四甲二甲六葛睪山江龍三諸族戚又有員弁親兵等數十人送之大約二月可到湘潭葬期若定二月底三月初必可不誤下游軍事漸穩北岸讀軍於初十日克復運漕餉軍糧路雖不甚通而賊實不悍或可勉强支持此信送澄叔一閱

曾文正公家訓卷上終

亮四甲二甲六營擊山江龍三諸賊又有員弁親兵等數十
人送之大約二月可到湘潭葬期若定二月底三月初必可不
誤下游軍事鄉團北岸蕭浮於初十日克復運漕鎮軍糧路雖
不甚通而賊實不悍或可勉強支持此信送澄叔一閱

曾文正公家訓卷上終